Policías

Julie Murray

Abdo
TRABAJOS EN MI
COMUNIDAD
Kids

abdopublishing.com

Published by Abdo Kids, a division of ABDO, PO Box 398166, Minneapolis, Minnesota 55439.
Copyright © 2016 by Abdo Consulting Group, Inc. International copyrights reserved in all countries.
No part of this book may be reproduced in any form without written permission from the publisher.

Printed in the United States of America, North Mankato, Minnesota.

052015

092015

THIS BOOK CONTAINS
RECYCLED MATERIALS

Spanish Translator: Maria Puchol

Photo Credits: iStock, Shutterstock, © cdrin p.13, Leonard Zhukovsky p.22 / Shutterstock.com

Production Contributors: Teddy Borth, Jennie Forsberg, Grace Hansen

Design Contributors: Candice Keimig, Dorothy Toth

Library of Congress Control Number: 2015941669

Cataloging-in-Publication Data

Murray, Julie.

[Police officers. Spanish]

 Policías / Julie Murray.

   p. cm. -- (Trabajos en mi comunidad)

ISBN 978-1-68080-342-6

Includes index.

1. Police¬--Juvenile literature. 2. Police patrol--Juvenile literature. 3. Spanish language materials—Juvenile
literature. I. Title.

363.2--dc23

2015941669

Contenido

Policías

Los policías nos protegen.

Se aseguran de que

las **leyes** se cumplan.

Ayudan a la gente. Sam tiene
que cruzar la calle sin peligro.

Se aseguran de que la gente maneje prudentemente. Jane estaba manejando demasiado rápido. Le han puesto una **multa**.

Algunos policías andan en carros. Otros andan en bicicleta o a caballo.

¡Ahí viene la patrulla de policía! La **sirena** suena fuerte. Las luces van prendidas.

La policía lleva uniforme.

Llevan cinturones para

su equipamiento.

Algunos policías trabajan con perros. ¡Los perros los ayudan!

¿Conoces a algún policía?

El equipamiento de un policía

las esposas

la patrulla

la linterna

el radio transmisor

Glosario

leyes
grupo de normas creadas por el gobierno de un pueblo, estado, país, etc.

sirena
aparato que emite un sonido de alarma muy fuerte.

multa
papel que notifica que has manejado o estacionado tu carro de una manera incorrecta.

Índice

abdokids.com

¡Usa este código para entrar en abdokids.com y tener acceso a juegos, arte, videos y mucho más!

Código Abdo Kids:
MPK9161